사람살이

한 세상

박제된 세월

사람살이

한 세상

박제된 세월

김태성 시집

연세대학교 대학출판문화원

사람살이

한 세상

박제된 세월

지 은 이 김태성(金泰星)

펴 낸 곳 연세대학교 대학출판문화원

주 소 서울특별시 서대문구 연세로 50

전 화 02) 2123-3380~2

팩 스 02) 2123-8673

http://press.yonsei.ac.kr

ysup@yonsei.ac.kr

등 록 1955년 10월 13일 제9-60호

인 쇄 네오프린텍(주)

2016년 11월 29일 1판 1쇄

ISBN 978-89-6850-176-0(03810)

값 10,000원

권두언

사유의 순간을 말하다

시집을 내시겠다는 말씀을 듣고 댁을 두 번 방문하였다. 선생님은 최근에 가벼운 병원신세를 지셨지만 회복 중이시고 기분도 예전과 다름없이 좋으셨다. 선생님의 곁에는 물론 사모님이 계시다. 25년쯤 전 댁을 찾았을 때, 어린 대학원생들의 허기진 배를 맛있는 떡국을 끓여 채워 주셨던 바로 그분이셨다. 선생님께서 일전에 평양에 다녀오시고 쓰신 시를 보여 준 적은 있으시지만, 시집을 내실만큼 시를 계속 쓰고 계신지는 몰랐다. 글을 쓰신다면, 오히려 산문이나 수필이 아닐까 생각했다. 20세기 영국소설을 가르치셨고, 특히 논문 심사 때는 빨간 펜으로 문장구조나 어휘의 용례를 자상하게 고쳐 주셨기 때문일 것이다.

원고를 받아 대학출판문화원에 맡기고, 나는 나대로 시를 찬찬히 읽어 보았다. 선생님의 시는 대체로 두 개의 소재로 나뉘는 것 같다. 단신 월남하셨기 때문에, 평소에 자주 말씀하시던 대로 실향민으로서 북녘에 남겨 둔 가족과 고향에 대한 애틋한 심정이 고스란히 시 속에 적혀 있었다. 다른 하나는 자연과 우주 속에서 인간의 존재와 삶을 사유하는 것이다. 여의도에서 바라보는 자연현상, 그리고 해와 강의 움직임은 언제나 삶과 우주의 원리와 연결된다. 그러해서인지 선생님의 시는 대체로 스케일이 크고 호흡이 길다. 그리고 그 경험과 사색의 양상은 젊었을 때와 은퇴하신 지금이 같을 수 없다.

우선, 연대기적으로 선생님의 삶을 엿볼 수 있는 세 편의 시들이 눈에 띄었다. 단신 월남한 직후 1954년 학창시절의 겨울밤은 "기도가 땅위에 얼어붙는, 부서진 꿈의 조각조각이 오돌 오돌 떨고 있는, 돌아갈 곳 없는 길 위에 살고 싶은 서러움이 소리 없이 쌓이는 밤"이었다(「눈오는 밤」). 갈 곳 없는 젊은이의 간절한 기도와 꿈이 하늘을 향해 펼쳐지지 못하며 생존의 처절함에 몸부림치는 이런 현실을 오늘날의 동년배 대학생들이 상상이나 할 수 있겠는가? 그 후, 가정을 이루고 대학에서 강의하시며 사시던 1980년 여름에 여의도에서는 KBS의 이산가족 찾기 행사가 있었는데, 이 방송을 보면서 북녘의 여동생을 그리며 쓴 시가 「정에게」이다. 그리고 한참 후 교수직에서 은퇴하시고, 이산가족상봉 행사의 일환으로 평양에 가서 동생을 만난 직후인 2012년에 「박제된 세월」을 쓰셨다.

그동안의 세월은 고스란히 박제된 시간이었기에, 동생을 만나 되새기는 어릴 적 기억은 돌아갈 수 없는 "한바탕의 꿈"이었고, 그것은 차라리 인생이기도 하였다고 토로한다. 꿈이 인생과 다를 바 없다고 말하는 것은 현실적으로는 체념할 수밖에 없다는 허탈한 심정에서였을까? 물론 이 외에도 본격적으로 북한을 고발하는 시들이 있다. 「땅이여- , 하늘이여-!」의 경우는 북한의 실정을 듣고 이를 시적 내러티브로 구성한 것이다. 이 시에는 북한의 허기진 어린 '꽃제비'들, 즐비한 주검들, 헐벗은 산이 묘사되며, 정권의 노예가 아닌 인간으로서 자유와 인권을 되찾기 위해 분연히 일어나기를 촉구하기도 한다. 더불어, 벼락이나 폭풍이 내리쳐 북녘을 불태우고 휩쓸어간 후, 단비가 내려 봄이 오게 하라는 종말론적 소망 같은 것도 숨겨져 있다.

북한시가 아닌 다른 시들은 대체로 최근 5년에 다듬은 것들인데, 삶의 의미에 천착하는 몇 편의 시와 이와 연관되는 네 편의 풍경시이다.

이들은 여의도에게 바라본 자연 풍경으로부터 시작하지만, 각기 다른 방향으로 시상(詩想)이 전개되는 특징을 지닌다. 북한에 관한 시들이 비교적 낯익은 정서를 표현하고 있다면, 자연시는 묘하게 시적 이미지가 엉키면서, 독자가 미리 짐작할 수 없는 방향으로 흘러간다. 시인의 자연은 현란하지만 정돈된 사색의 출발점이 된다. 「풍경 1 – 강가에서」에서 시인은 강가를 거닐며, 낡은 벤치, 유모차, 익사한 시체 건져 올리기 등의 일상적인 풍경을 묘사한 다음, 「풍경 3 – 공원에서」에서는 먹기가 모든 관심사인 삶의 현장에 초점을 맞춘다. "하늘을 나는 새도 육신은 언제나 허기진 것"이다. 참새, 비둘기, 오리들이 시인이 던져주는 먹이를 두고 약육강식의 투쟁을 벌이는 것을 보면서, 시인은 강자에게 돌을 던져 본다. 이는 약자를 돕는 정의(正義)이기도 하지만, 먹이를 나눠주는 이의 변덕이기도 하다고 시인은 익살을 부린다. 여기서 시인은 자신과 어느 정도 거리를 두고서, 현실을 객관화한다고 생각된다. 삶은 언제나 그렇게 녹록치는 않은 것이다. 북한의 주제와 더불어, 시인을 사로잡고 있었던 사유의 주제는 '어떻게 사는가'의 물음이었다. 물음이었다기보다는 현실이었다.

「풍경 2 – 모래톱에서」에서는 물방울에 의해 바위가 모래로 바뀌는 것을 명상하며, 그 영겁의 세월을 배경으로 하여 시인은 "바라보고 – 귀 기울이고 – 느끼고 – 숨 쉬며 생각하며 서 있는 나 모래 한 톨"이 된다. 어떤 종교를 채택하고 있지는 않지만, 그의 시상(詩想)은 가히 파스칼적인 명상으로 나아간다. "어떻게"에서 "왜"의 명상으로 전환하는 것이다. 「풍경 1 – 강가에서」에는 다음 구절이 있다.

한 평생을 거의
 한 길을 걸어온 '어떻게'의 세계.

그러나 그 세계를 뛰어넘어
또 하나의 다른 세계가 있으니 –

그것은 '왜'의 세계.
– 원초적인
그리고/그래서
– 궁극적인
왜?

그것은 결국 '의미'의 추구였다.
그리고 전체에 대한 부분의 관계 속에
그 의미는 존재하였다.

풍경을 보며 시적 이미지를 발견하는 시인은 간혹 이렇게 자신의 생각을 독자에게 정리하여 내보기도 한다. 아마도 북녘의 그리움, 남한에서의 생존을 위한 삶이 '어떻게'였다면, 이제는 삶의 의미를 찾기 위한 '왜'라는 문제가 사색의 중심을 차지하는 것이다. 선생님은 '왜'의 문제를 푸셨는가? 풀지는 못하셨더라도, 나름대로 그 원리를 깨달은 것은 확실하다. 생성, 변형, 소멸하는 우주현상의 공통적 성격을 관찰하면서 이를 전체와 부분의 관계에서 고찰하게 되고, 이것이 바로 원초적이며 동시에 궁극적인 삶의 원리이자 의미임을 깨닫는 것이다. 사실상, "의미"라는 단어는 선생님의 시들에서 하나의 키워드가 될 만큼 집요하게 추구되고 있다. 우리는 시인이라는 존재에게서 그 의미의 최종해법을 구하지는 않는다. 김태성 시인에게서 주목해야 할 점은 그러한 삶의 의미를 찾는 과정에서 시인이 꾀하는 사물과 이미지의 변형 방식

일 것이다. 여기서 이러한 시적 이미지의 전개과정을 상세히 토론할 겨를이 없다는 것은 유감이다.

「두 마디 가락」은 해가 뜨고 해가 지고, 우주가 날숨과 들숨으로 호흡하고, 파도가 밀어오고 쓸려나가는 두 박자 리듬에 주목한다. 자연의 리듬과 마찬가지로, 시간 속에서의 인간의 삶과 죽음도 그러하다. 삶은 곧 반복이고 부활이다. 봄과 아침에 울려 퍼지는 두 마디 가락, "생명의 부활, 뻐 - 꾸ㅡㄱ ㅡ" 소리처럼, 되풀이되는 몸짓이 새 의미와 새 생명을 잉태한다. 지구상의 여러 지역과 해산물을 언급되는「바다」에서는 "생명의 카니발"이 바다이며, 그것은 모든 것을 보듬어 안는 어머니 바다라고 노래한다. 부분과 전체의 관계인 것이다.

시인은 바로 그 삶과 우주의 원리를 가시적으로 구현하기 위해, 삼라만상이 방울처럼 얽히는 이미지의 전개에 비상한 노력을 투자하였다. 방울이나 송이는 시인의 반복되는 이미지(leitmotif)이고, 그 이미지의 변형은 흉내 내기 어려운 김태성 시인의 독자적인 수사법에 의존한다. 「빛은 눈송이 되어」에서 눈송이는 꽃송이가 되고, 그렇게 땅으로 내리는 송이처럼 태초에 하늘이 열렸으리라고 시인은 노래한다. 김창열 화백의 대만 작품전에 다녀와서 쓴「물방울」에서도 방울 이미지는 대담한 변형을 겪는다. 그녀 가슴속의 눈물방울은 하나의 방울로서의 거대한 우주, 그리고 그 속에 담겨있는 작은 방울들로서의 별과 연결된다. 마음과 우주는 서로 통하여 밤하늘의 별과 가슴 속의 눈물이 상응한다. 김태성 시인의 방울 이미지 전개는 17세기 영국시인 리차드 크래쇼나 앤드류 마블이 구사한 방울 이미지 변형의 수사학을 연상케 하였다. 그들은 은총이 하늘에서 이슬방울처럼 내리고, 인간의 눈물방울은 하늘에 올라 아기천사의 밀크가 된다고 노래하였다. 물론 각기 목적은 다르지만, 그 변형의 방식에는 닮은 바가 있다고 생각한다.

더불어, 주의 깊게 고찰해야 할 것은 시인이 노년에 이르러 성취한 자유로운 변형의 사유의 일단으로서, 북한의 자유에 관한 염원도 그 양상을 달리 하게 된다는 점이다. 일생의 주제였던 북한의 그리움과 아쉬움이 그의 자연시가 탐색하는 의미 추구와 융화하여, 탈북은 코스모폴리탄(cosmopolitan)적이 되고 동시에 보편적인 의미의 구도(求道)가 된다. 다음의 두 시가 특히 그러하다. 「선택」에서 탈북은 "선택이 아니었다. 두 대상이 동일한 지평 위에 놓여 있는 – 그 때에 비로소 선택인 것을"이라고 말한 후에, "사람살이는 . . . 더러는 탈출을 결단하고 순례의 길을 나선다"라는 생각을 보탠다. 탈북은 선택하고 말고의 문제가 아니라, "삶의 궁극적 의미 – 지고한 가치"를 추구하기 위한 당연한 구도(求道)의 한 방편이 되었다. 이는 네팔 룸비니 동산에서 태어나 왕궁을 버리고 떠난 사나이 싯다르타와 연결되고, "진리가 너희를 자유롭게 하리라"는 성경구절과도 연결이 된다. 그리고 「침묵」에서는 안나푸르나의 연봉(連峰), 노르망디 해변 언덕, 갈라파고스 섬들, 그리고 동방의 가느다란 반도에서 허리 잘린 북녘 땅이 모두 등장하여 "'하나'이자 '모든 것'"이 되고, "침묵 속 영원한 현재에 온갖 형상이 낱낱이 '의미'가 되어 아로새겨"진다고 노래한다. 아직도 북에 대한 염원은 줄지 않았으되, 그것이 이제는 의미의 추구와 자주 융합하는 것이다. 삶과 우주의 원리를 말할 때, 시인의 시상은 자주 세계의 여러 지명과 연관되는데, 북한을 말하는 시에서도 그러해지고 있다. 이는 얼마나 놀라운 변화인가? 사실상 그 빌어먹을(!) 현실이 아니라면, 선생님의 사유와 정서가 북한이라는 좁은 영역에 매여 있을 필요가 없을 것이다. 나는 선생님이 결코 원칙을 넘지 않으시되, 유연한 사유를 하시는 분이라 생각해 왔다. 그의 시가 그것을 증명해 보인다.

그런데, 「연못가에서」에서 시인의 사유는 또 한 번의 전환을 맞이한다. 이 시에서 그는 인간적 의미추구를 무화하면서 자연의 일부로 되돌아가서 존재 그 자체가 되고자 한다. 나는 이 시를 선생님이 가장 최근에 도달한 사유의 순간으로 파악한다. 시인은 외로움과 절망감이 엄습할 때마다 찾아가던 어머니의 품 같은 숲속의 연못을 다시 찾아, 거기서 물방울이 떨어지는 소리를 들으며, 동그란 파문이 연이어 만들어지며 퍼져 가는 모습을 바라본다. 방울이 생성되고 변형되면서 자아와 우주가 연결되는 익숙한 사유의 놀이에서 위안을 얻으려는 것이다. 그런데, 시인은 여기서 예기치 않은 퉁명스러운 어조로 '아서라! 그 자연 그 모습 그대로' 두라고 말한다.

허나, 아서라!
파문은, 그냥
파문으로
일고 사라지게, 두어라!
그리하여, 소나무도
〈변치 않는 지조〉는
떨쳐버리고, 마냥
온전한 소나무이게, 하여라.
상징과, 의미와, 가치와
덧씌운 허울
인간적인, 너무나 인간적인.
. . . . . .
그리하여, 연못은
의미를 넘어서고
사라진 시간

그 자리에
누리는 비로소
의미 이전의 모습으로
되돌아간다.
(풍경 4 – 연못가에서)

파문이 번져가는 것을 부분과 전체의 관계로 읽던 시인은 이제 그 작업을 그만 두고, 여느 물상과 다를 바 없이 그 자신도 소나무 가지처럼 팔을 벌려 나무처럼 되어, 물상으로서의 온 누리에 동참한다. 여기서는 의미도, 시간도 사라지며, 전체 속의 독자적인 부분이라는 공간적 가치도 부질없는 것이 되고 만다. 존재의 의미는 미리 주어져 있거나 불변하기보다는, 하이데거(Heidegger, Martin)가『존재와 시간』에서 말한 바처럼, 그저 시간 속에 놓인 인간에게 주어진 것이 아닌가? 그런데, 시인은 이제 이로부터도 풀려나, 생겨난 그 자체의 모습으로 환원되고자 하는 무의지의 비움 상태에 다다른다. 이는 '물은 물이고 산은 산이로다'라는 불교적인 깨달음인가? 아무튼 허허로운 놓여남의 경지임은 분명하다. 이는 물론 일생에 걸친 구도(求道)의 연장선상에서 얻어진 깨달음이다.

그래서인지,「어허어 어허어」에서는 자연 및 우주의 일부가 된 마음의 홀가분함을 이렇게 표현한다. "미움도 사랑도 회한도 희망도 이승의 일이사 이승에 벗어 놓고 가볍게 발걸음 내딛는다. 시간을 넘어선 무궁한 하늘 가없는 푸르름으로."「향 한 개비를 사르며」도 마찬가지이다. 하나의 삶의 길이를 가리키는 향 한 개비가 다 타는 동안, 시인은 한국동란과 남한에서의 생계라는 인간의 길, 결혼하고 자손을 낳는 생명의 길, 그리고 노년에 명상하게 되는 하늘의 길이 "결국 하나인 것을. 길은 길이라 이름하기 전에 이미 길이었을지니. 시작이 있어 끝이 있으니"를 깨닫는다. 불가피한 생존의 필요와 의미 추구라는 정당화의 당위적 유혹마저도 훨훨 벗어 던질 수 있음이 노년의 시인이 깨닫는 자연의 이치이고 섭리인 것이다. 이는 애초부터 거기에 있었고, 언제나 거기에 있었다.

나는 선생님의 시를 모두 읽으며, 그 속에 선생님의 성품이 드러나 있다고 생각하게 된다. 선생님은 초지일관하시는 성품이시며, 스스로가 무슨 생각을 하는 지도 끊임없이 점검하신다. 그리하여 사유는 시상(詩想)을 지배한다. 시상이 자신을 마음껏 이끌고 가도록 놓아두기보다는, 사유가 시상을 인도한다. 이미지의 현란한 변화, 그리고 의성어 사용에 능숙한 재기발랄한 언어 속에서도 시상이 향하는 끝점은 동일하였다. 그럼에도 자연시의 이미지나 시상이 생각지도 못하는 방향으로 옮겨가는 방식에는 놀라지 않을 수 없다. 이는 진정 아마추어 창작의 수준을 넘어 서 있다. 이를 분석하고 해석하는 작업은 전문 평론가의 몫이 되어야 할 것이다. 그런 점에서 월남민에 관한 시보다 자연시가 더 재미있다고 말씀드렸더니, 선생님은 많은 사람들이 그렇게 생각한다고 하셨다. 그러나 선생님은 월남인들만이 간직하는 정서가 따로 있으며, 그것을 우리가 알지 못하기 때문이라 생각하신다. 청하지 않았으되 불쑥불쑥 뇌리를 엄습하는 실향민의 외로움과 아픔을 어찌 우리가 고스란히 이해할 수 있겠는가?

실향민의 애환이 주된 소재가 되고 있다는 점이 이 시집이 가진 정서의 단조로움으로 지적될 수도 있을 것이다. 그러나 아직도 이러한 정서를 공유하는 독자들이 많을 것이며, 더욱이 사라져가는 이와 같은 정서를 시로써 남겨 두는 것은 의미가 있다. 한 인생이 자신의 경험과 사유의 변화를 육성으로 말하고 있기 때문이다. '어떻게'를 거쳐, '왜'의 사유에서부터도 자유로워지는 사유의 궤적과 나란히 함께 가는 북한시의 변화를 통하여 한 생애에 걸친 실향민의 삶과 정서를 추적할 수 있다. 그리하여 이 시집은 실향민의 정서와 애환을 이해하려는 독자는 물론이거니와, 이를 연구하는 전문가—예컨대, 구술사 및 스토리텔링 방식의 연구자—에게도 필요한 자료가 될 수 있을 것이라고 선생님은 믿고 계시다.

선생님의 시를 읽고 난 후, 나는 왜 더 일찍부터 시 창작을 시작하지 않으셨냐고 여쭈었다. 어디 나 뿐이겠는가? 모든 지인들이 이를 아쉬워 할 것이다. 그리고 중년을 넘는 나 자신에게는 이토록 가슴에 사무치게 몰두한 삶의 주제가 있는가를 물어 보았다. 우리는 안이한 삶을 살아 왔던 것이다. 선생님의 다른 시집들이 곧 나오기를 기대하며 부족한 글을 이만 접는다.

연세대학교 영어영문학과 과장
한국영어영문학회 회장
윤민우

차례

| 가 |

| 나 |

| 다 |

눈 오는 밤

눈 오는 밤은
외로운 흐느낌이
깨어나는 밤

눈 오는 밤은
엷은 그림자 앞세우고
끝없이 걸어가는 외로운 밤

먼 하늘 밑 어머니의
기도가
땅위에 얼어붙는
억울한 밤

흰 눈
소리 없이
쌓이는 밤

부서진 꿈의
조각조각이
오돌오돌 떨고 있는
어두운 밤

돌아갈 곳 없는 길 위에
살고 싶은 서러움이
소리 없이
쌓이는 밤

—1954 (학창 시절에)

빛은 눈송이 되어

산은
아득한 고요 속에
있다

비둘기 울음도
까투리 날개 파닥임도
소나무 바늘잎 스치는 바람도
없다

아무 소리도
없다

소리가 없어 고요가 아닌 것을.
소리가 떠들어대기를 앞선 고요
뭇소리가 그 깊은 아기집에서 태어난 고요
태초의 고요

억만년 세월을 지탱해 온
산의 고요

고요 속으로 내린다 –
하얀 송이
하나, 둘... 일곱, 여덟...
송이송이 함박눈 송이

하얗게 뒤덮는다 –
산머리와 비탈을
산골짝 절집과
저 밑 들판과 논밭도
땅 위의 온갖 것을

뒤처진 일행을 기다리는 나는
하늘을 쳐다본다

송이송이 눈송이
하늘 가득히 자욱하게 쏟아져 내리는
하얀 꽃송이와 하얀 꽃송이
사위를 에우고 –

하얀 바다
찰랑찰랑 하얀
빛 바다 –

본디, 하늘의
어둠을 가르고 나온 빛은
희디흰 송이송이 꽃송이 되어
땅으로 날아와 –

태초에, 하늘과 땅이
이렇게 열렸으리니 –

나는 팔을 벌린다 –
눈송이 바다 한 아름을 안아본다 – 그리고
두 손을 마주 잡고
고개를 숙인다
누군가를 향해

그렇게 합장하고 있는 나
어깨와 머리 위에
함박눈 마냥 사뿐히 내려앉는다.

지금도 눈이 내리고
무심히 바라보고 있노라면, 때로
마음에 떠오른다 –
젊었던 그 때의
산마루 함박눈과
나의 낭만적 몸짓이

그러면 나의 입가에
조용한 미소가 일고,
나는 그것을 느낀다.

– 2012년 2월. 여의도에서.

두 마디 가락

억만년의 세월 –

바위 봉우리 하늘 높이 솟고

가파른 산비탈

나무 위 하얀 눈 녹아

　똑 – 똑 – 똑 . . .

천만년의 고요 속에 떨어진다

물방울 – 소리

세월을 흘러가는 강기슭에

연산홍 무더기 활짝 피어날 제

산자락 숲에서 들려오는 소리

　뻐 – 꾸 – ㄱ

오월의 맑은 햇살
나뭇가지 마디마디에 파릇파릇
새 순 하늘 향해 발돋움하고
푸름의 물결 잔잔한 들판
온갖 꽃 피어나고 —
　생명의 부활

　뻐 — 꾸— ㄱ

밋밋한 가락
부활의 찬가이기엔 — .

짝을 부름인가.
— 아름다운 그대여
　들려 주오 — 그대의 목소리
　보여 주오 — 그대의 모습
　　　뻐 — 꾸— ㄱ
질박한 두 마디
몸부림치는 간절함이 없고서야 — .

그러나, 아득한 여운 –
무슨 절절한 연유 있음일지니.

기나긴 사연 – 솎고, 추리고, 남은
두 마디
가락은 은은한 울림 속에 잦아들고 – .

옛날 옛적 조상의 소행
자손 만대 업보로 이어지니.

뉘우치고 또 뉘우치는
참회의 주문(呪文)

세세연년 되뇌고 되뇐 그 두 마디는
속빈 넋두리로 둔갑하고 –, 이제
되풀이의 몸짓이 새 의미를 잉태하였으니 – .

저 멀리, 푸른 바다 은빛 모래톱
하아얀 파도 줄 지어
쏴 – 밀려오고, 소리 없이 물러가고

또다시

밀려오고 – 물러가고

날숨 – 들숨

바다의 숨결

– 2012년 5월 여의도에서

물방울

소나기 한차례 쏟아지고 – 나면,

파란 하늘에서

한여름의 햇살 내리쪼이고

산천초목 고즈넉이 감싸 안는

고요 –

초롱초롱 살피는 소년의

눈길 있었으니 . . .

사과밭 원두막

이엉 처마 볏짚 끝, 대롱대롱

물방울 – 방울, 방울

떨어진다, 반짝

햇빛을 보듬고

저기

나뭇가지에

동그랗게 익은 사과 하나

뚝- 떨어진다

땅덩이, 흙 위로

산자락 마을 늪

연꽃은 아직 꽃망울 -

에둘러 떠받드는 푸른 잎새 다섯.

하나에는 뚫어진 구멍이 -

날카로운 부리에 찔렸음인가

그 상처 위에, 물방울 하나

또르르 구르다가 멈추어 섰다

그 속에 떠 있는, 하늘의

뜬구름 - 마냥 하아얗게

눈부시다

어느 날

붉은 노을 잔잔한 새벽

사나이는 걸음을 멈추어 선다 –
나팔꽃 넝쿨
돌담을 감겨 오른다
꽃잎의 이슬 방울
보랏빛으로 물들고 –

아침 강가의 오솔길
개나리 무더기에
꽃은 지고 무성한 잎사귀
두 줄기 사이에
동그라니 거미줄 하나

가로 세로 줄줄이
이슬 소복이
영롱한 방울, 방울.

그것은 또한
씨줄과 날줄
인연의 그물인 것을 –

매듭과 매듭
고개와 고개
고갯길, 굽이굽이
인간의 길

동네 어귀 느티나무
잔잎 우거진 가지 밑에
서 있었다, 처녀는

기약 없이
떠나는 발길 지켜보는
터무니없는 자리,
침묵만이 진실인 시간.

그 예쁜 눈에 조용히 맺힌
눈물, 떨어진다
뚝 – , 그리고 또 –
그의 가슴 속 깊이
아직도 고여 있는 그녀의
눈물 – 방울 –
맑디맑은 물 – 방울 –
샘물 같은

이제는 옛날이야기
그러나 어제 일인 것만 같은

어린 시절
시골집 뒤뜰 멍석에 누워
바라본 밤하늘 –

국자 무늬 별 일곱
북두칠성은
있었다 –
거기에
언제나

극자는 빙-글 돌고
보이지 않는 동그라미 따라
서서히, 확실하게

회전의 축
극자 손잡이 끝의
별 하나. 이름하여 북극성
움직이지 않는다 -
홀로
그 자리 지키며,
언제까지나

그것은 놀라움이었다
기억 속에 가시지 않는

별과, 하늘과, 우주 -
그 안에서
화백은 자유로웠다

또 하루가 기울고
어둠이 깊어지면

만물은 낮의 허울을 벗고
알몸으로 꿈꾸기 시작한다

그날 밤 화백이 우러러 본 하늘에는
별들이 총총히 빛나고 있었다

아득히 부풀어 뻗어나간
우주
그것은 하나의 거대한 방울 –
허허로운 그 속은, 가득히
별들이 채우고 –
별들, 우주 속에 미소한
방울, 방울들

별똥별 떨어진다
황금 꼬리 길게 끌며 –
금빛 방울, 빛–방울 하나

빛방울과 빛방울, 뒤이어
쏟아져 내리고 –

화백은 팔을 뻗어 두 손을 벌린다
하나씩, 빛방울 사뿐히 내려앉고,
그는 고이 옮겨 놓는다 –
화폭 위에

다음 날 아침, 그는
한 폭의 그림 앞에 서 있었다, 묵묵히

옹기종기 한데 모인 물방울 –
알알이 무지개빛 아롱진
물방울 – , 물방울 송이

언뜻, 귓가를 스치는 노래 소리
은은하게 고향을 노래하는
별들의 합창 소리 –

화백의 눈가에
미소가 어리고 –

– 김 창 열 화백
작품전(대만)에 다녀와서

– 2012년 12월 여의도에서

바다

드넓은 바다
둥근 땅덩이 거의 뒤덮고 –

서녘 끝
띠구름과 잔잔한 물결
해거름 노을 붉게 타고
해는 바다를 넘는다

캄캄한 하늘
가득히 쏟아져 반짝이는 깨알들
별무늬 또렷한 북두칠성
국자 손잡이 끝에 북극성
마냥 제자리 지켜온다 –
억만년의 시간 너머로

동녘 끝
어슬한 하늘에 샛별이 뜨면
맑은 해 솟아 오른다 바다 위로 –
눈부신 햇귀 하늘로 내뻗으며

동녘과 서녘
끝과 끝
해넘이와 해돋이
　둘은
　맞닿은
　하나

가없는 하늘 아래
바다는 하나
모습은 - 여럿

지중해 물결
푸른 하늘보다 더 짙게
쪽빛으로 찰랑이고 -

얼음덩이 떠가는 북극 바다
눈이 시리도록 시퍼렇게
맑고 맑은 물살

뜨거운 햇살 열대의 바다
야자수 잎새 검푸른 파도
밀려오고, 또 밀려오고 -

연둣빛 물결 찰랑이는
아기자기 산호초
알록달록 물고기 감싸고 돈다
형형색색 아롱아롱 -
생명의 카니발

숨죽인 바다.
생명의 씨알은 어디서 왔는가

그 심장의 가녀린 첫 박동
오 -! 그것은
우주의 기축(機軸)을 뒤흔든
폭발 소리였으리니 -

우주는 비로소
존재의 새로운 의미를 찾고 -

생명은 기약이였다 -
약동하는 풍요로움과, 그리고
슬픔과, 그리고
아름다움과, 그리고 -

생명은 생명을 낳고 -

산호가 줄줄이 뿜어낸다
알, 알, 알들 자욱한
십만, 백만의 하늘하늘 하얀 너울

바위 구멍에 거대한 문어 한 마리
부릅뜬 눈으로 지키고 있다 –
천장에 주렁주렁 매달린 알들
천, 만, 수만 – 그 하나 하나에
꿈틀꿈틀 새 생명 자라고 –

플랑크톤은 지천으로 떠돌며
수많은 물고기 목숨을 키우고
오징어와 고래 살찌우고 –

아프리카 대륙 남쪽 끝 앞바다
수십만 정어리 떼 한가운데를
날쌔게 꿰뚫으며 휘젓는
황다랑어

대서양 언저리
범고래 떼지어 쫓는 돌고래
물위로 내동댕이친다
허공에서 넋을 잃은 사냥감
다시 바다 속으로 떨어지고 –

태평양 열대 나말레라 마을
향유고래 물기둥 내뿜는 먼바다
슬며시 다가가는 나무배 뱃머리에
우뚝 선 사나이, 손에는
날카롭게 벼린 작살을 들고 –
오늘도 500년의 전통을 잇는다

몸부림치는 바다
하얗게 부서지고 –

갈라파고스 제도
먹구름 겹겹이 하늘을 가리고,

세찬 바람 수면을 할퀸다
일렁이는 물결 산더미로 일떠서
거세게 내닫는 성난 파도
억척 바위 가슴 향해 온몸 던져
부딪쳐 부서진다 –
하얀 안개 방울, 방울 –

바다
햇살 반짝이는 파도

해가 서녘으로 기울기 시작할 즈음
옹기종기 모여 앉은 푸른 섬들
앞바다 모랫바닥 바닷말 곁에서, 조개는
알알이 곱게 맺힌 진주를 꿈꾼다

화물선 두 척 수평선 너머로 사라지고
하얀 돛 높다란 요트 지나가며 손을 흔든다 –
섬 모래톱을 한 쌍의 젊은이가 손잡고 걸어간다 –
뒤에는 발자국 나란히 남겨 놓고

파도는 밀려오고, 물러가고 –

은빛 모래 깊게 파인 발자취에
바닷물 가득 고이고, 잦아들고 –

아득한 저 멀리
바다는 하늘 자락과 반듯하게 맞닿고 –

모든 것을
보듬어 안는
바다

어머니 바다

– 2012. 7. 13 여의도에서

어허어 어허어

해는 서녘 산줄기를 넘고
노을에 물든 띠구름
기러기 떼 줄지어
너울너울 울어 예고

밤하늘
가득한 별들
얼핏 별똥별 하나
꼬리 끌며 사라지고

방 안 어둠을 사르며
한 점 빨간 불망울
향(香)줄기 하늘하늘 연기로
태워 내려간 끝에
화–ㄹ짝 불꽃으로 피어나
꺼지고 – 만다

*

첫눈 내리는 저녁
할머니는 끝내 돌아가시고
남은 가족, 거역할 수 없는
운명을 흐느껴 울었다

눈 내리는 겨울이 가면
새싹 움트는 봄이 오고
꽃이 피고 꽃이 지고
해는 뜨고 해는 지고

강둑 따라
강물은 흘러

임은 가고
벗은 가고
나도 가고
너도 가고

간다 간다
이제사
어리가리 간다

어디선가 왔다가
웃음 속에 넘은 고개
눈물 속에 넘은 고개
아홉 고개 넘고 넘어
너하너하 넘고 넘어

한번 왔다가
어디론가
혼자서

떠나가야 하는 것을 –

*

발길 돌이킬 수 없는 오솔길
자욱한 안개 속을
소리 없이 흐르는
여울목

긴 숨 내쉬고
눈 살포시 감은 채
훌쩍 건너뛰면
가닿는
저쪽

거기서
긴 잠을 자는 것일 테지
깨어나지 않는 긴긴
꿈을 꾸는 것일 테지

그곳은

애초에 떠났었던
옛 고향

본디
아무것도 없이 텅 빈
자리일 뿐
공허한 '없음' 그 자체

그러나
그 공허 속에, '있음'이
비롯하였으니

우주는 비로소
의미를 지니고

그것은
바히
기적이였다

빛이
어둠을 가르고, 별을 낳아

별들 모여 은빛 강 이루어
시간을 더불고
흐르고 흘러
태양을 휘도는 땅덩이 어딘가에
미소한 생명, 그 심장이
고동치기 시작하였으니

그 소리는
온누리에 울려 퍼진
우렛소리였으리

하늘의 뜻이었음인가 —

생명은 생명을 낳아
퍼지고 또 퍼져

낙엽이 길턱에 수북할 제
마가목 가지 마디마디에
옹골지게 영근 빨간 씨알
오종종 자욱하고

산호초 바위 구멍에
거대한 문어 한 마리
부릅뜬 눈으로 지키고 있다 –
천장에 주렁주렁
알, 알, 알들 – 천, 만, 수만
그 하나하나에 꿈틀꿈틀
새 생명 자라고

그리하여 오늘도 치타는
마사이마라 들판에서
네 발에 온 힘 다해
임팔라를 좇고

하늘 아래 인간의 도시
네거리 건널목 푸른 신호에
봇물 터진 사람들의 물결
쏟아져 흐른다

뭇사람이 뭇사람을 좇고
뭇사람이 뭇사람에 좇기며

땀에

눈물에

피에

찌든 사람살이

한 여인이

타오르는 불길 속 어린 생명을

가슴에 감싸 안고 지켜냈다는

한 사나이

한 핏줄 겨레가 쫓기고 짓밟힘을

몸을 불살라 항거하였다는

가까이서 멀리서 전해 오는

사연과 사연들

여섯 자 스스로의 키를

뛰어넘으려는 몸부림

슬퍼서

아름다운 이야기

찬란한 이상(理想)을
꿈꾸기는 하여도
못내 힘에 겨운
서글픈 인간

역사는 변치 않고
강물 따라 흐르고

이 세상
한 세상
고개고개 고갯길
굽이굽이 돌고 돌아

간다 간다
어허어허
나는야 간다

*

마침내 올라서는
열째 고개

두 – ㅇ 두 – ㅇ
무거운 종소리
허공에 일렁이고
기 – ㄴ 여운 아스라이
사라진다

눈 감으면
다시 살아 떠오르는
모습과 모습들

보고, 듣고 – 느끼고, 생각하며
살아 온 한 세상
덧없이 흘러간 긴 세월
차라리 소중한
순간, 순간들

*

마을 어귀에
한 그루 버드나무

실가지 기다랗게 늘이고
바람결에 살랑대는
자잘한 잎새
연둣빛

그 아래
먼 길 떠난 아들
돌아오는 모습 기다리며
서 있는 여인

버드나무
연둣빛
어머니
기다림

그것은
진실이였다.

—

대문을 열고 들어서면

들려오는 소리

집안 가득
티 없는 구슬 구르는
맑은 웃음소리

이 땅에 내려온
어린 천사들
무심히 찬미하는
생명의 기쁨.

—

다시금 생생히
귓전을 울리는
젊은 날의 감동

깊은 고요에서
살며시 흘러나오는
소리 — 한 올

현(絃) 한 줄을 타고
끊어질 듯 이어지는
나직한 선율

그 소박한 은은함이
가슴으로 스며들면
마음은 나래를 펴고
뒤를 좇는다
질펀한 들녘 가로질러
구름 사이 유유히 솟아올라
지긋이 굽어보면

완만한 언덕과 높낮은 산들
그 너머 안개 서린 인간의 도시
그 사이 넘실넘실 강은 흘러
아득한 바다, 너울대는 파도

그 위를 선회한 선율, 몸을 던져
바닷속으로 내려간다
밑으로 밑으로
마침내 닿은 밑바닥 –
그윽한 고요

이윽고 다시
수면으로 떠올라
수평선 너머로 서서히
사라져 – 버린다.

한 가닥 애잔한 선율이 그려낸
웅대한 궤적

올곧고 나긋한
나직하고 고고한
애달프고 초연한

스스로의 모순을 아울러
선율이 노래하는 것
그것은 –

드높은 하늘
바다 밑 심연

그 고요 속에서 명상하는
인간의
기쁨과 슬픔.

*

마지막 고개 마루에서
새삼 되새기는 뉘우침

슬픔이 있어
기쁨이 있는 것을 –

캄캄한 밤이 있어
햇살 빛나는
새벽이 있는 것을 – .

그러나 아직도
마음속에 머뭇거리는

아쉬움과 그리움과 –

허나
미움도 사랑도
회한도 희망도

이승의 일이사
이승에 벗어 놓고

가볍게 발걸음 내딛는다

시간을 넘어선
무궁한 하늘
가없는 푸르름으로 – .

어허어 어허어
어허어
어허
어 – .

(2014년 2월 여의도에서)

향 한 개비를 사르며

지구는 오늘도 맴돌며
제 길을 휘돌아 가고

해는 그래서
먼동 밝히며 솟아올라
하늘 마루 지나
서산을 넘는다
붉은 여운 뒤에 남기고

땅덩이
해
하늘의 길

이윽고 산기슭에
땅거미 지고
어둠이 밀려와 뒤덮는다

산과 들, 강과 하늘, 그리고 인간의 도시

어둠이 쌓인다, 차곡 차곡
공간은 이제 깊이를 지니고
시간은 그 안에서
머뭇거린다

나는 향 하나를 갑에서 집어낸다
한 끝에 불을 붙이고
향꽂이 거북 등 구멍에 꽂아 세운다

향 한 개비
한 줄기 목숨

정수리에 조그만 불덩이
시작한다. 타 내려가기
시작한다

너울 떠 하늘하늘
보랏빛 연기 피어오르고
그윽한 내음 알싸하게 번져 나간다

나는 단정하게 앉아 눈길을 모은다
어둠 속에 타고 있는, 빨간
    점 하나
    불 망울

나에게도 있었지, 그런 때가
이제는 옛 이야기
소풍가는 내일을 기다리며
잠 이루지 못한 시절

    인생은 마땅히
    소풍이어야 하는 것을 –

불 망울은 마냥 타 내려가고
생각은 눈길을 벗어나
샛길로 접어든다

먼 숲 속 뻐꾹새 울고 있던 어느 날
우리는 뒷산 풀밭에 누워 이야기 했다 –
우리의 내일을.
파아란 하늘에 눈부시게 흰 구름
바라보면서

그러나 친구는 떠나갔다
미처 내일에 닿지 못하고

총탄과 포탄과 폭탄이
날아오고, 퍼붓고, 쏟아지고 –
폭음과 또 폭음이 허공을 찢고 –
참호에는 뒹구는 주검들
비명과 아우성과 –
수라장

살육
인간의, 인간에 의한 –

친구는 쓰러졌다
하늘과 땅 사이, 낙동강 가에서
그리고 다시는 일어서지 못하였다
이 세상 마지막 외마디
“오마니 – !”
하늘 아래 오직 한 분 성스러운 님을
그렇게 울부짖으며 그는
가고
없다

인간의 길

향 연기 너울 철렁 일렁인다
나는 생각을 눈길로 불러들인다
줄곧 타고 있는 불망울
멈추었는가 하면 또 한 발짝 내딛는
한갓진 소걸음

생각은 다시금 나플나플 제 길을 나선다

다소곳한 자태
도톰한 입술 살포시 다물고
발그스름 볼 빛, 복숭아 살결
아늑한 눈매 지긋이
나를 보듬고 –
여인은 아름다웠다

아름다움
거역할 수 없는 신비

나는 한 발짝 내딛는다, 그리고
그녀의 손을 잡는다
따사롭다

그녀를 포옹했을 때 나는
온 세계를 안고 있었다

그러나 그것은 정히
나였을까?
그녀에게 다가서 손을 잡은 것은, 그것은
나의 의지, 나의 선택, 나의 결단이었을까?
보이지 않는 은밀한 손길이
내 등을 떠민 것은 아니었을까?

그 뒤, 고고(呱呱)의 소리가 귓전에 울렸을 때
그것은 가슴 떨리는 감격이었다

생명이 생명을 낳고
생명의 시내가 흘러 흘러 강이 되고
강은 흘러 흘러 바다에 이르고 ―.

생명의 길

오늘은 내일로 흘러 흘러 ―.
훌쩍 떠났던 생각이

제 발로 돌아와 눈길을 따른다 – .
불망울 이제
향 줄기 반을 넘고 있다
끊임없는 걸음, 황소걸음

타버린 재 하얀 토막
타고 있는 불망울 위에 오뚝 서 있다 –
수도승의 고깔모자
이윽고 밑으로 떨어진다
– 스스로의 가벼움을 이기지 못하여.
불망울이 반짝 빛을 낸다

고개, 고개, 고갯길, 머나먼 인간의 길
반을 지날 즈음, 지난날의 아쉬움과 회한에
슬며시 가슴 차오르는 서글픔. 그리고
내리막길 바라보면, 저기서 다가오는
불안과 두려움 –

어제와 내일을
동시에 살아야 하는 오늘 –

인간의 길

포장마차에서, 살롱에서, 마시고 퍼마셔도 –
조그만 공 하나 하얀 포물선 그리며 담장을 넘을 때,
손벽치며 일떠서 와– 와– 함성을 질러 보아도 –
인생은 슬퍼서, 노래는 아름답고

아침에는 일터로 나가
이리 뛰고 저리 달리고
저녁이면 다시 집으로 –
쳇바퀴 돌고 도는
한 마리 다람쥐
애들의 해맑은 얼굴 나를 반기고
맑디맑은 웃음소리 집안에 가득 찰 때
마음의 골짜기 시냇물 소리 다시
들려오고 –

어제와 다름없는 오늘이 가면
오늘을 되풀이할 내일이 오고 –

그렇게 세월을 보내며

거리를 걷고 있던 어느 날 오후
젊었던 시절의 물음이
고개를 쳐들고 발목을 잡는다 –

'너는 지금 어디에 있는가?'

– 인구 천만의 인간의 도시
– 한반도
– 세계
– 태양계
– 우주
– 공(空)

비어있음에

채움이 있고

어둠이 있어

빛이 있었으니

빛은 별들을 낳고

별들 흘러 흘러 은빛 강 이루고 –

땅덩이 맴돌며

길 따라 휘돌아 가고 –

아프리카에서 태어난 인간이

원시의 정글에서 걸어 나올 때

그의 손은 잊지 않고 있었다 –

불과, 그리고

돌도끼와, 참나무 창과 –

오늘도

마사이마라 들판에서 치타는

네 발에 온 힘을 다해 임팔라를 좇고

검은 독수리, 아메리카 하늘 높이
날개를 펴고, 풀밭 토끼 한 마리 노려보고
북극의 흰 곰 질펀하게 앉아, 물범
불쑥 고개 내밀 얼음 구멍 지키고 –

인간의 발길은 거침없이
뻗고 또 뻗어 나갔다 –
광활한 땅과, 드넓은 바다, 그리고 가없는 우주로

애초부터 그는, 눈에 보이는 것마다
이름을 달고
길들이고
부리고
다스리고 – .

그리고 그는 모든 것에 또한 투사하였다
자신의 모습을 –
– 소나무의 지조
– 정열의 장미
– 늠름한 위용을 뽐내는 고층건물
– 저 별은 나의 별, 나의 수호천사

– 하느님의 분노 . . .

그리하여 모든 것을 인간화해버리는
그 의미
인간적인, 너무나 인간적인 –

그러나 세계는
의미 이전에, 이미
있었던 것을 – 그저, 그대로

하늘의 길

인간은 또한 꿈꾸는 자이니
– 정의
– 평등
– 평화
– 지상의 낙원 . . .
아름다운
인간이 땅위에 이룩하기에는
너무나 아름다운, 꿈

이 허전함은

어디서 오는 것인가?

그런 생각을 씹으면서 나는

공원 연못가에 앉아 있었다

봄 햇살 내리쪼이는 연못과

둘러서있는 나무들 –

연두색 실가지 늘어뜨린 버드나무

가지 끝마다 잎 순 트고 있는 산딸나무

작년의 가랑잎 아직 매달려있는 떡갈나무

노란 꽃송이 다소곳한 산수화나무

연못 안 섬의 한 그루 소나무

그리고 공원 저편의 흰 고층건물 –

이것들 모두가 수면에 반사되어

물속에 가라앉았다 – 거꾸로.

거기에는 또한

구름과 하늘이 깊이 떠있다

연못은 세계를 품고 –

사람들은 각기 연못 하나를 지니고 있어, 거기에
세상의 모습 나름대로 그려놓고
그 안에서 살아간다 –
울고 웃으며
미워하고 사랑하며
원망하고 찬양하며
울부짖고 노래하며
한두 가지 남모르는 슬픔은
가슴속 깊이 묻어두고
그렇게들 살아간다
한목숨 다할 때까지

인간의 길 – 하늘의 길 –
그러나 길은 결국 하나인 것을 –
길은 길이라 이름하기 전에
이미 길이었을지니

어미 오리와 그 뒤 새끼 오리 두 마리
연못을 미끄러지듯 헤엄쳐 온다.
수면이 갈라지고 일렁이는 물결이
퍼져 나간다

물에 잠긴 그림자 모두
흔들흔들 일그러진다. 그리고는 곧
제 모습을 다시 추스린다

섬 뒤로 자취를 감추었던 오리 가족이
되돌아온다. 이제는 새끼 오리 세 마리.
길을 잃었던 한 마리가 엄마를 다시 찾은 것이려니 –

이때 한 생각이 떠올랐다, 영감처럼
나는 잠시 눈을 감았다 –

'그렇다. 모든 것은 스스로 그러한 것을!'

마침내, 생각은 눈길과 하나되어
지켜본다 –

어둠이 타고 있는
불 망울 하나
시작은 정수리에서
밑으로 밑으로
이제 남은 것은 밑둥 한 토막

끝이 날 것이다, 이제 곧.
짧았던 긴긴 여정(旅程)

시작이 있어
끝이 있으니

보랏빛 연기 향 내음 짙게 내뿜고
불 망울, 마지막으로
불 꽃으로 화-ㄹ짝 피어난다
그리고는
꺼지고 - 만다

비석처럼 꼿꼿이 서있던
끝 토막 재 기둥
허리 꺾여 떨어진다 -
토막난 과거의 잔해들
널려 있는 위로

향꽂이 쇠거북
등 구멍 뎅그렁 비고
짤막한 다리 넷

몸 덩어리 버겁게 떠받치고

목덜미 빳빳이 고개 쳐들고

응시하고 있는

어둠의

허 - 공

그리고

파도처럼 밀려오는

고요 -

- 2012년 4월 여의도에서

침 묵

한 처음
길*이 있어
어둠을 가르고
하늘 · 땅이 열리니

구천의 영원한 옥좌에서
어제 · 오늘 · 내일을 묵상하는
그

그의 침묵은
별들의 물결 따라
흘러흘러 온누리에
굽이굽이 차오르도다

* '길' – 道 · logos = 理性 · 말씀

가득히

그윽한 그 침묵의 공간에
삼라만상이 내보이는
저마다의 민얼굴

선명도 하여라

*

북녘 하늘
— 밑
히말라야의 산 산들
— 사이
드높이 치솟은
에베레스트

봉우리

만고의 백설 성성하고

허리에

뜬구름 휘감고

안나푸르나의 연봉(連峰)

고즈넉이 거느린

위엄찬 자태

오롯이

감싸 안은

고요

—

'땅 안의 바다'에

한 발 내디딘 이태리

로마의 성 베드로 성당 둥근 지붕이

눈부신 새벽 햇살을 맞이할 제

노르망디 해변 언덕에
마을 교회 하얗게
동이 트고

"할렐루야, 할렐루야 – !"

사람들의 경건한 합창 소리
고개 너머 너른 바다
세찬 바람결에
흩어져버린다

–

검은 대륙
무너져 부서진 도시
허접쓰레기 스산한 더미를
헤집던 '하마디'
언뜻, 가녀린 손길 멈추고
귀 기울이면 –

은은히 다가온

대포 소리

고개 들고 바라보니 –

한 무리
흰 머리 검은 독수리
두 날개 곧게 펴고
비 – ㅇ 구– ㄹ 날고 있는
하늘

그 밑에
어지러운 땅

하늘과 땅 사이
희멀건
공 · 허

스스로를 잃어버리는
무심한 순간

–

동방의 가느다란 반도
허리 잘린 북녘 땅

벌거벗긴 민둥산과
풀뿌리 파헤친 들판
불그죽죽 흐르는 강 위에
어둠이 내리면
불빛 비치는 창문, 어디에도
찾을 수 없고

돌담 모퉁이에 웅크린 '연희'
누더기 옷자락 꼬-ㄱ꼭 여미어도
파고드는 매서운 추위
허기진 배 움켜쥔 손
마냥 떨리기만 하고

얼어붙은 땅, 내쳐진 바닥에
날갯죽지 파닥이는
한 마리 어린
새끼 제비

캄캄한 하늘
촘촘한 별 별들 언저리
얼핏 스쳐가는 여인의
갸름한 얼굴

"엄마!"

문득 소리치는 소녀

그리고는 엄마 손 붙잡고
두-ㅇ-실 날아오르는
별들의 나라

ㅡ

갈라파고스 섬들
늘어선 야자수 사이로
아스라이 아른거리는 해변
한바탕 스콜이 퍼붓고
뙤약볕 작열하는 모래 언덕

거북들 구멍을 파고
수북이 낳은 알 고이 덮고서
떠나가 버린 바닷가
모래톱

줄줄이 새겨진
발자국 자국자국
덮치고 또 덮쳐 오는 파도
검푸른 거센 물살

ㅡ

하늘에서
두 ㅡ ㅇ ㅡ 시ㅡ ㄹ
앙증스런 두 다리
내뻗으며 앞으로
오므리며 뒤로

까르르 까륵
두둥 – ㅇ – 실
두둥 – ㅇ – 실

두 발 가지런히
힘차게 걷어차는
허 · 공

그저 스스로 그러한
몸짓과 웃음소리 –
흥에 겨운 한판의
공중 발차기 놀이

토실토실 두 발이
땅을 짚으면
여린 손목 꼭 잡은 엄마 아빠
또다시 합창한다 –
하나 – 둘 – 셋!

어린 소녀는
하얀 다리 쭉 뻗고

빨간 치마 나풀대며
하늘로 다시 떠오르고

엄마 아빠는
마주보며
미소 짓는다

손잡고 돌아가는 그들 뒤
강 건너 멀리 서산에
또 하루가 저물고
내일 동녘 하늘에
해는 다시 떠오르리니 –

–

바람은
구름 사이로
햇살 타고 내려와

망망한 바다 저–어–기–
아득한 하늘 맞닿은

수평선 가느다랗이
너울 – 너울 –
쪽빛 물결

일떠서고 – 스러지고
일떠서고 – 스러지고

물방울 산산이 튕겨 올라
자욱한 물보라 뽀얗게
방울방울 빛 빛방울
새하얀 빛 빛 빛

흰 백사장 기다랗게
줄지어 뒤잇는
물결과 물결

밀려오고 – 물러가고
밀려오고 – 물러가고

들숨 – 날숨

좌 – 아 – ㄱ 좌–루–르

좌 – 아 – ㄱ 좌–루–르

바다의 숨결

*

그는

'하나'이자 '모든것'

그의 침묵 속

영원한 현재에

온갖 형상이 날날이

'의미'가 되어

아로새겨지나니 –

– 2014년 12월, 여의도에서

정에게

언제나 저만치 떨어져 앳된 얼굴로 나를 바라보는 너, 정아.
겨울이 쌓이고 여름이 우거지기를 벌써 몇십 번이었는가.
그래도 너는 마냥 앳된 소녀의 눈매로 나를 쳐다보는구나.

석상을 스치고 지나가듯 그렇게 흩날린 세월의 바람결 저쪽에
서서, 너는 오늘도 그때의 앳된 얼굴을 나에게 향하고,
그렇게 저만치 말없이 서 있어야 하는구나.

정아. 차라리 한 맺힌 세월에 주름진 얼굴을 보여 다오.
이제는 너의 이 오빠와 함께 산마루를 넘어선 너.
네가 딛고 온 서러움과 아픔의 역사를 한 눈에 보여주듯,
그렇게 세월에 주름진 너의 얼굴을 보고 싶구나.

그러나 정아. 기억의 화강암에 날카로운 비수로 새겨진
너의 얼굴, 너의 앳된 얼굴을 너의 오빠는 차마 감당할 수가
없구나. 너의 눈매처럼 공허한 내 마음 속에 언제나 소녀인

너의 모습은 어쩌면 역사만큼이나 잔인하구나.

차라리 주름진 너의 얼굴을 찾아 헤매는 꿈속의 광화문에서,
소매를 스친 여인을 붙들고 나는 마냥 떨리는 목소리로 묻는다.
– 혹시 정이 아니십니까?
그러나 대답대신 들려오는 웃음소리.
빈 동굴에 메아리치듯 울려 퍼지는 웃음소리.
– 이럴 수가 있습니까!
불끈 쥔 주먹을 허공에 휘저으며 외쳐보지만. 수많은 사람이
오가도 나홀로 서 있어야 하는 꿈속의 네거리.

그렇게 꿈보다 더 어이없는 현실을 살아온 너와 나. 그리고
또 숱한 너와 나들.

그러나 우리가 산마루를 채 내려서기 전에 만날 날을
기약할 수 있다면 이렇게 억울하지는 않을 것을.

언제나 앳된 얼굴로 내 손 멀리 서 있는 너, 정아.
같은 하늘을 이고도 그 어디에 살고 있는지 알 수 없는 너.
뭇사람의 열기보다 더 짙은 피를 같이 이어받은 너, 정아.
그런데도 달 보다 더 먼 거리에 위치한 너와 나. 그러나

운명의 이름으로 체념하기엔 못내 아까운 인생을 살고 있어, 모진 목숨을 이어온 너와 나. 너의 남편과 자식을 내가 알아볼 수 없는, 나의 아내와 나의 자식을 네가 알아볼 수 없는, 너의 자식과 나의 자식이 서로의 존재를 외면해야 하는 것을, 정아, 이것을 우리는 무엇이라고 이름할 수 있겠는가.

알고 싶어도 알고 싶어도 들을 수 없는 너의 이야기.
들려주고 싶어도 가 닿지 않는 나의 목소리.

사람들은 역사의 필연이라 하지만.
사람들은 민족의 비극이라 하지만.

– 1980년 여름. 여의도에서.

박제된 세월

바다, 그리고 그 위에 하늘이,
아득히 퍼져나간 그 사이에
팽팽히 줄 그은 수평선 — .

민통선을 넘고, 군사분계선을 가로질러,
금강산 자락 면회소를 향해
차는 달리고,
나는 되넘고 있었다 —
잃어버린 세월의
고개, 고개, 굽이굽이 고갯길.

꿈에도 잊지 못한 얼굴들, 두고 온 얼굴들.
강도 산도 변하길 다섯 번. 그래도 못내
체념할 길 없는 그리움에
믿을 수 없는 상봉을 청원한 이들 — 10만여.

반은
기다리다 기다리다 기다림에 지친
원혼(冤魂)되어 날아가
북녘 하늘을 맴돌고 – .

그런데 당신이 나머지 50,000에서 가려낸
100명 중 하나일 때, 이것을
무엇이라 하겠는가.
 거룩한 사랑의 살가운 손길 – .
 음흉한 도깨비의 얄궂은 장난 – .

그러나 그것은 그보다 먼저
꿈 같은 현실 – 현실 같은 꿈이었다.

아 – 정아! 이 하늘 아래
같은 피를 이어받은 너, 아리따운 정아.
이 목숨 다하기 전에 너를 다시 만날 줄이야!

그러나 아버님이시여, 어머님이시여.
아 – , 님이시여!

한 발 내디딜 때 다음 발길을
먼저 생각하라 일러주시던 아버님.

날에 날마다 반 백년을
돌아오는 아들의 모습 가슴에 안고
두 손 모으신 어머님.

아 – , 님이시여!

님에게 돌아갈 기약 사흘 뒤는
어느 사이 3년이 되고,
훌쩍 30년이 지나도, 아직 모자라
또 30년이 흘러흘러,
기약은 속 빈 소라 껍질이 되어버렸구려.

이제는 하늘 아래 언제 어디서도
다시는 만날 길 없는 그대, 님과 님이시여.

이산(離散)은
님에서 헤어짐이었소.
나는 휘몰아친 광풍(狂風)에 흩날려

느티나무 가지에서 떨어져버린 잎새 하나였소.

그것은 떨꺼둥이의 외로움.
나를 기다리는 이, 아무도 없는
 터-ㅇ 빈 세상.
살고 싶은 욕망이
슬픔으로 탈바꿈하는
 역설(逆說)의 계절.

언뜻 들려오는 소리 -
먼 북녘 하늘가에서
나를 부르는 소리.
그대의 목소리 있어 -

그대 생각에
 기쁨이 서러움으로
그대 생각에
 슬픔은 길을 잃고 - .

살아생전 다시 만난 너, 정아.
우리의 만남은 기쁨이요,
감격이어야 했을 것을.

참으로 황당한 자리였다.
　오빠가 오빠임을
　누이가 누이임을
확인부터 해야 하는 — .

꿈결에서는 언제나
내 손 저 멀리 서서 묵묵히
나를 쳐다보던 앳된 너의 얼굴.
그러나 이제 험한 산비탈을 넘어선 정아.
너의 얼굴 가득히 패인 주름이
서럽고 또 서럽구나!

지나간 60년의 세월 켜켜이 쌓인 사연의
더미와 더미를, 주어진 10시간, 그것도
다섯으로 동강난 토막토막에, 온전히
주워 담는다는 것은 가히 불가능한 일이었다.

이야기가 이리저리 헤매다 갈피를 잃었을 때,

정이 한 폭의 그림을 소묘(素描)하기 시작했다.

우리 집 텃밭에는 남새가 . . . 아침에는

꼬꼬댁 – 닭 여섯 마리 – 그 중 암탉이 다섯 . . .

멍멍이 암캉아지 한 마리 . . .

할아버지 앞마당 살구나무는 봄이 오면 아직

꽃이 피고 . . .

나는 이 목가(牧歌)의 아름다움을 그대로 믿기로 했다.

정은 담담히 이어갔다.

언니는 10년 전에 –

막내 삼촌은 4년 전에 –

고모는 7년 전에 –

그리고 누구누구는 –

나는 떠나간 이들의 삶에 대해서는

감히 묻지를 못하였다. 그리고 정은

묻지 않은 나의 물음에 답하지 않았다.

그리고 나는 무심히 죽음들을 손꼽고 있었다.

흙에서 와서 흙으로 돌아간다고 했던가.
그 사이의 허망을 사람들은 용케도 견디어 낸다.
때로는 분노에 치를 떨고, 슬픔에 차가운 눈물을
흘려야 해도, 즐거운 웃음과, 어쩌다 감격스런
기쁨이 있어서 일까?

사람들은 인생을 그렇게 인내하면서, 생명을
아름답다 노래하기도 하거늘 – .

우리의 만남은 그저 끝을 향해 서둘러야 했다.
우리는 흔히들 뇌까리는 작별인사를 차마 나누지
못한 채 마지막 자리에서 일어섰다.

정아. 다시 보고픈 너, 정아.
우리는 믿어오지 않았던가 –
　만나면 헤어지기 마련인 것을.
　헤어짐은 언젠가 다시 만날 기약인 것을.
　사람살이는 그렇다는 것을.

그러나 다시 만날 기약도 없이
영영 헤어져야 하는 이것을

무엇이라 이름해야 하나.
그러나 정아.
가슴을 치며 한탄하지는 말자.

하늘과 땅 사이가
애당초
엉망인 것을!

정은 울부짖는 사람들 사이에 서 있었다.
소리 없는 흐느낌을 울면서, 정은 서 있었다.

눈물을 거두어라, 정아.
여기에서 눈물은 사치의 허울인 것을.

눈물이 흘러흘러 강이 되어
물길 막아선 이 산을 저기 강 건너로
옮길 수 있다면야, 정아, 백날인들 마다하랴.

마냥 석상(石像)이 되어 서 있던 정은
멀어지면서 점점 작아져,
사라지고 말았다.

차는 다시 군사분계선을 넘고
나는 창밖을 내다보고 있었다.

동해는 겨울바람에 일렁이고
그 위 여기저기 뜨내기 구름 흐르고
그 밑으로 새 두 마리 떠돌고 . . .

나는 문득 잠에서 깨어나
나의 중얼거림을 들었다 –
  아니다 – 이것은 꿈이다 –
  나는 꿈을 꾸고 있는 것이다 –.

그렇다! 우리의 만남은 한바탕의 꿈이었다.
– 인생처럼.

– 2012년 1월. 여의도에서

선택

[1]

조각달 서녘 귀에 지고
별빛 구름에 가린
밤하늘

무성한 풀덤불
나직이 허리 굽힌 그와 일행
하나같이 응시하는
강 너머 – 어둠
풀벌레도 숨죽인, 적막

약속된 불빛
아직 보이지 않고 –

꿈결인 듯 들려오는
강물 – 슬며시 흐르는 소리

한 점에 응집할 양이면,
차라리, 헐거워져버리는
시간과 공간.

그래서였다
그의 생각이 훠–ㄹ 훨
강을 거슬러 날아 오른 것은.

너른 '하늘 못'
에두른 산과 산들 의연하게
뜬 구름 새하얀, 푸른 하늘
물속 깊이 잠기고
갈빛으로 찰랑이는 햇살
눈부시다.

맑은 물 차올라 넘쳐
서녘으로 2,000리 압록강
동녘으로 1,300리 두만강

너울너울 흘러흘러 – .

옛날 옛적 억만년 전
지구 땅덩이 한가운데 깊숙이
들끓는 불덩이 세차게
땅껍질 치밀고 올라
봉우리 구름 사이 우뚝 선
백두산

배달 우거진 산등 신단수 아래
나라 세워 선포한
겨레의 산

그 정기를 타고
산 – 산 – 산 –
어깨를 겯고 긴긴 줄기
남으로 남으로 뻗어
쪽빛 바다 동해 따라 내려와
태백산 서남쪽 지리산에 이르니 –

산줄기 등치에서 가지가
그리고 또 잔가지가, 뻗고 또 뻗고,
사이사이 골짜기 시냇물 주절주절
강 이루어 유유히 바다로 내닫고 – .

강 줄기 – 어머니 젖줄
산 줄기 – 아버지 핏줄

이 강산에 터를 닦고
삶을 일구어 온 겨레

때로는 치욕의 눈물 삼키며
살아온 장구한 세월

지금 –
반만년 역사의 끝자락
모서리 한 점, 이 시점 –

여기 –

배달의 산줄기 허리 잘려

남과 북, 두 동강

북녘 끝, 강가 한 지점 – .

피안(彼岸)은 묵묵히

어둠 속에 잠기고 – .

[2]

반짝, 반짝, 바 — ㄴ 짝
반짝, 반짝, 바 — ㄴ 짝

다시 하나 된
시간과 공간

일제히 일어선 그들
서로의 손 불잡고
서늘한 강물에 들어선다

한 발짝 한 발짝 나아가면
가슴 위로 강물 차오르고
세찬 물살 발길 휘감아 돌고

일순 헛짚은 듯 휘청한 그
몸 가누어 다리에 힘을 준다.
밑에 밟히는 둥근 토막, 토막들
그것은, 뼈다귀 — 더미 —
전율이 등줄기를

싸늘하게 기어오른다.

누군가의 총탄에,
덮쳐온 거센 물살에,
한 번뿐인 이 세상
이렇게 끝나버린
목숨과 목숨들 – 하나뿐인.

흩어졌던 일행 모두
강가의 차에 오르고
도착한 '안전가옥'

문밖 저 멀리
희미한 발자국 소리
조여드는 가슴.
기척을 죽이며 이어간
낮과, 그리고 밤.

버스는 서 있었다
불긋한 새벽노을 아래.
그들은 뒷자리에 앉아

말없이 고개 숙인다.

대륙을 세로 질러 남쪽으로
달리고 달린 사흘 – 일만 리
창밖을 스쳐가는 풍경들
산 설고 강 설고 –

비몽사몽 아른거리는 공간에서
그는 되내어 씹어 본다
숱한 사연과 사연들 –
차마 잊을 수 없는.

[3]

할아버지의 할아버지는, 때로
초근목피에 명줄을 걸었다고 했던가.
그러나 그것은 또한
오늘의 이야기인 것을 -

헐벗은 산과 메마른 들판
산나물과 풀뿌리와 나무껍질과
먹을 수 있는 모든 것이 '밥'인
그런 세상에 연아는 살고 있었다.

엄마와 아빠는
먹거리 구하러 먼 길을 떠나고,
산욕의 자리에서 올케는
풀죽 한 그릇 채 먹지 못하고
멀뚱히 천정을 쳐다보며
영영 가버리고, 사흘째
새 생명은 조용히 뒤따르고

할머니는 나물 캐러
고개 너머 바윗산을
후들후들 걸음으로 올랐으나
끝내 혼백으로 돌아오시고

할아버지는 보름 뒤
기가 빠지고 힘도 다하여
강냉이 가루 마지막 한 술가락
휘저어 끓인 채소국을
손사래 치며 마다하고
다음날 아침 눈을 뜨지 못하시고

아득한 하늘 아래 홀로 남은 연아
목소리 잦아들고
눈시울 오래 전에 말라버리고 – .

*

언덕 아래 골짜기 빈터
사람들 가득 모여 웅성대는 소리
눈길은 모두 암벽으로 향하고 –

하얀 각목 기둥 하나
위에 뻗어 나온 가로대
이음매 모서리에 비스듬히
받침대가 – 그리고
드리운 한 가닥 밧줄
그 끝에 동그란 올가미 –

그것은 처음 보는 광경이었다.
준호의 발은
땅에 못박히고

소장의 목소리는 낭랑했다
– 남조선에 대한 환상으로 . . .
  수정주의풍에 물든 자유주의분자 . . .
  넓고 깊은 당의 은혜를 배반하고
  민족 반역의 길 . . . 공화국 형법
  . . . 교수형에 처한다.

세로획이 긴 'ㄱ자' 형틀
그 뒤 두 보위원 사이에
사형수는 서 있었다.

앞으로 묶인 두 손 떨며,
멍든 얼굴, 내리 감은 눈,

머리에 검은 두건 씌우고
목에 올가미 밧줄 휘감고
그 앞을 흰 휘장 둘러 가린다.

계곡의 적막, 시간과 함께,
얼어붙고 –

휘장이 걷히니
허공에 매달린 검은 얼굴
바짓가랑이 뚝 – 뚝 –
물방울 떨어진다.

줄지어 걸어가는 사람들
크고 작은 돌멩이 하나씩
죽은자 향해 던진다.

먼발치에 총 메고 지켜보는
경비대 군인들.

*

그는 뒤따랐다.

뜻밖의 장소, 은밀한 방

낡은 책상 하나.

어긋맞게 앉으니

황선생의 옆얼굴

눈가에 가는 주름살

중년의 가파른 비탈길

내리닫고 있는 동료 여교사

공책 하나 가슴에서 꺼내 놓고

앞을 응시하며

– 저는 새로운 세상을 발견했어요!

들려주겠다는 이야기는 예사롭지 않을 듯.

그는 묵묵히 기다렸다.

펼쳐 놓은 공책에는

까만 깨알 글씨 가득하고
여기저기 줄그은 밑줄
손가락 짚으며 읽기 시작한다.

목소리 차분하게 –

– 태초에 하나님께서
‘빛이 있어라!’ 하시자
빛이 생겨났다.
빛과 어둠을 나누시고. . .

이제 상황이 파악된 그는
두려움에 몸이 떨린다.

– 나는 빛으로서 세상에 왔습니다.
어둠 속에 머물지 않도록. . .

그녀는 힘주어 이어간다.

– 구하라. 받을 것이다.
찾으라. 얻을 것이다.

문을 두드리라. 열릴 것이다.

— 하늘의 새들을 눈여겨보시오...
하늘의 아버지께서는
그것들을 먹여주십니다.

뒤쫓던 그의 생각이 주춤거린다.

— 너희가 진리를 알게 될 것이며
진리가 너희를 자유롭게 하리라.

목소리 높아지고 —

— 나를 위하여 목숨을 잃는 사람은
얻을 것이며 —

— 만물의 주재자이신 하나님.
당신의 뜻이 땅에서도
이루어지게 하소서.

그녀의 눈 —

가득 고인 눈물 흐른다.

– 오! 살아계신 주여!

할렐루야! 할렐루야!

나무 젓가락

가로세로 엇대어 묶은

십자가 – 골고타의 신비 –

두 손으로 부여잡고

– 할렐루야 – 할렐루야 – 할랠루야 –

*

봄이면 찾아와

처마 밑 둥지에 새끼 키우던 철새

이제는 날씬한 그 모습 감추었다.

그 이름, 예쁘게 꾸며져,

애매하게 이어받은 아이들.

장마당 진흙 바닥

밥알 한 톨, 국수 한 오라기

눈총 맞으며, 찾아 헤매는
꼬질꼬질 처량한 모습들.

낡은 털모자 푹 내리쓰고
허겁지겁 한입 가득
국수를 씹어 삼키는 진혁이.
마주 앉은 그가 물었다
– 아주 배고플 때는 어떻게 하지?
"그냥 울어요, 앉아서."
– 추울 때는 어디서 자지?
"동네 쓰레기 더미에서."
– ? –
"따뜻해요."

[4]

인도차이나를 굽이굽이 흐르는
메콩강, 습지와 밀림,
발걸음 조용히 옮겨 짚은
강행군, 족히 네 시간.

세 나라 국경을 넘고, 이제
마지막 강 저 너머 태국 땅
어둠 속에 반짝이는 신호 향해
배는 살며시 미끄러져갔다 .

강기슭 환한 조명 속
커다란 금빛 동상 하나
책상다리 하고 앉은
낯선 인물
두고두고 눈에 밟히는
그 얼굴.

이민국 경찰의 친절은 따스했다.

앞서, 푸른 제복의 중국 공안은,
눈가를 스칠 때마다, 저승사자로
둔갑하여 다가서곤 했었다 –
검은 두루마기, 검은 두건,
검은 얼굴.

난민수용소에서 맛본 것은 –
하얀 이팝, 한 사발 가득
국에는 고기가
입에 감치고 드는 반찬
그리고 그 풍족함
그리고 하루 세 끼 또박또박.
아 –, 이럴 수도 있는 것을!
그저, 감격이었다.

겨울은 지나가고
풀잎 나부끼는
봄바람 산들산들
자유의 바람결
그 감촉!

비행기, 구름 위를 날고
하늘은 가없는 푸르름
밑에는 비소한 지구
맴돌고 있는 땅덩이

비행장의 천장은 높았다.
반들거리는 대리석 마루 위에 서서
눈앞에 선히 마주한 얼굴과 얼굴 –
두고 온 얼굴들.
가슴에 뜨거운 서러움 북받치고
목메어 흐느낀다.

[5]

창문 밖 하나원 꽃밭에
땅거미 어스레히 내려앉고,
또 한 잔의 식어버린 커피를
그는 마저 마신다.

나를 마주 바라보면서
그는 다시 말문을 연다.

이제 끝머리에 이른
그의 사연 –
짧은, 그러나 기나긴,
아픈 이야기.

모두가 묻지요
– 당신은 북쪽을 버리고
  남쪽을 택하였소.
  왜?

그의 답은
간명하였다.

북과 남
이쪽 · 저쪽
이것이냐 / 저것이냐

감시와 탄압과 공포,
그리고 굶주림 –
죽음의 그림자 떠도는
어둠의 늪.

인간이
인간으로 태어나
인간답게 살기 위해서
목숨을 걸어야 하는
어이없는 곳.

죽음을 각오한 결단,
그리고 감행한 탈출.

해바라기 햇빛을 좇듯
스스로 그러했을 뿐.

그것은 선택이 아니었다.

두 대상이 동일한 지평 위에
놓여 있는 - 그때에 비로소
선택인 것을 - .

북을, 남과
같은 차원에 올려놓기를
그는 끝내 거부하였다.

[6]

돌아오는 길
언제나 붐비는 네거리
건널목

차들 앞을 다투며 달리고,
신호등 초록으로 바뀌자
물꼬 트인 물줄기
교차하는 사람들의 행렬
쏟아져 건넌다.

사람들의 모습
형형색색
나름대로
생각 따라
뜻 따라.

나는 강가에서 잠시
쉬어가기로 한다.

배가 부르면, 마음이 고픈
세상살이.
인간은, 역시,
빵만으로 사는 것이 아닐지니 -.

흰 공 허공에 날아올라
울타리를 넘을 때
벌떡 일떠서 손뼉 치며
와 - 와 - 소리 질러 보아도

포장마차에서, 술집에서,
마시고 퍼마시어 보아도

시간을 죽일 뿐
마냥 허전한 마음.

번쩍이는 황금
등등한 권세
불후의 명예

백번 쓰라림을 삼키고
천번 수고를 거듭하여
끝내, 그 찬란함을 거머쥐어도

손가락 사이로
모래알은 새어나가고
남아 있는 빈 손 — .

사람살이는
메마른 모래 들판
방황하는 무리들,
더러는 탈출을 결단하고
순례의 길을 나선다.

성지의 오아시스
오롯이 샘솟은
맑디맑은 물

— 궁극적 의미
— 지고한 가치

그것은
진이고, 또는 선이고, 또는 미이고 –

그러나 그것은
일곱 빛깔 아른아른
고개 너머의
무지개 – .

나는 난간에 손을 얹고 선다.
강 저편 언덕
촘촘한 건물들의 불빛
강물에 반짝이며 일렁인다.

문득 떠오르는 그의 말 –
'눈에 밟히는 그 얼굴'

네팔 룸비니 동산에서 태어나
왕궁을 버리고 떠난 사나이
가부좌 틀고 앉은 그의 얼굴.

슬픔이 잦아든 – 듯
기쁨이 떠도는 – 듯

그러나
슬픔이 아닌 것이
기쁨이 아닌 것이

슬픔도
기쁨도
발밑에 내려놓고

차라리
허허로운
고요
가득함.

허나, 이것은 아마도
나의 해몽(解夢)일 따름.
본디, 진실은 자취를 감추고,
남는 것은 해석 뿐이니 – .

지금, 하나원에서
<자유>를 앞에 놓고
조금은 당황하고 있을 그 -.

자유의 공간
길과, 또 길이, 줄줄이 늘어선
갈림길 어귀에 서서
하나를 가려잡아
첫발 내딛기를 결단하는,
선택 -

그것은, 그래서,
조금은 당황스러운 것 -

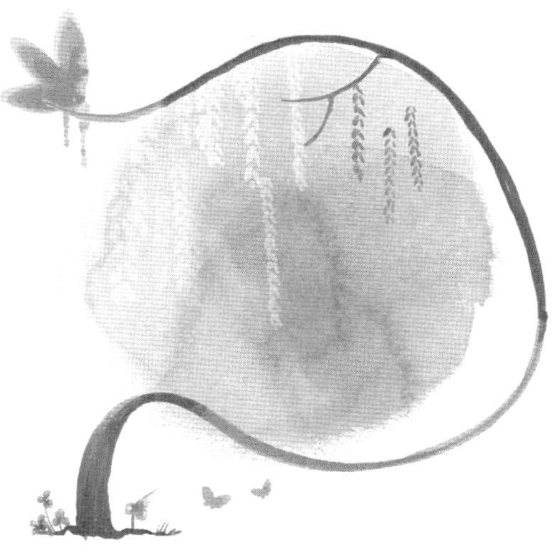

자유는, 그래서,

조금은 두려운 것 –

사키아족의 왕자 싯다르타

그가 그 길로 첫발을 내디딘

그 인연은 무엇이었나?

탈출의 결단

'해 – 바라기'

'선택'

– ? –

나는 마음한다,

하나원에서 내일 다시 만날 때

그에게 물어보리라 –

"2,500년 전의 그 얼굴,

그것은 당신에게

무엇을 말하고 있음인가요?"

– 2013년 5월 여의도에서

땅이여 –, 하늘이여 –!

[1]

동방의 이편
고요한 아침의 나라

동해의 질푸른 물결 위에
둥근 태양이 찬란하게 떠오르면

백두산 봉우리와 봉우리
하늘 향해 우뚝 솟은
늠름한 모습

너른 산마루 '하늘 못' 깊은 물은
파–랗게 아득한 하늘을
감싸 안았어라 –
오롯이

배달의 우거진 산등 신단수 아래
겨레는 나라 세워 선포하고

백두영산의 정기를 타고
등마루 산 산 산 어깨를 걷고
기―ㄴ 긴 줄기 남으로 뻗고 뻗어
지리산에 이르니

산골짝마다
맑은 시내 도란도란
강 이루어 굽이굽이
망망한 바다로 내닫도다

아름다운 이 동산에
겨레의 터전 일구어 온
장구한 세월, 역사 반만년

그러나 지금
줄기차게 뻗어나간 백두대간
무참히 허리 잘려 두 동강
남 · 북으로 끊어졌어라!

[2]

북녘 하늘은
예대로 푸르건만

드높은 산과 산에
울창했던 숲과 숲
무성했던 나무들은
어디로 갔나

벌거숭이 민둥산
황량한 들판

나무껍질 벗기고
풀뿌리 파헤친
황폐한 땅

산지사방에 드리운
그림자
죽음의
검은 그림자

*

마을 어귀 길섶에
쓰러진 아낙

앙상한 앞가슴에 머리를 묻고
아기는 꼼짝을 않네

—

아빠는 어디에 살아는 계신지
감감 소식이 없고

엄마는
먹거리 찾아
산 넘고 강 건너
먼 길을 떠나시고

마을 뒤 바위산을
휘청휘청 올라가신 할머니는
마침내 저승길을 택하시고

세상에 둘도 없는
집안의 귀염둥이
아득한 하늘 아래 홀로 남았네

앳된 떠돌이여
너의 이름 '꽃제비'
예뻐서, 서러워라

얼룩진 얼굴에
헐어 터진 모자 눌러 쓰고
누더기 걸친 손 주린 배 움켜쥐고
떠도는 장터

바닥에 떨어진
옥수수 알갱이 한 톨
국수 한 오라기를
찾아 헤매야 하는구나

차가운 눈총과 억센 주먹
모진 발길질 참고 견디며
살아온 어제와 오늘

날에 날마다
매서운 추위에 떨고
허기에 속 빈 배를
허리 굽혀 달래야 하는
가여운 삶

두 팔이 날개라면
가고 싶어라
손짓하며 부르는 엄마 만나러
날아가고 싶어라
하늘나라로.

[3]

캄캄한 어둠속에
묻혀버린 땅

길은
어디에도
보이지 않고

오직 하나
불빛 비추고 있는 그것

반듯한 받침돌에 오뚝 서서
번뜩이는 쇳덩이
사람의 형상 –
'어버이 수령'

수령은 아들에게
아들은 손자에게
절대 '지존'의 권좌를
넘겨주어

3대의 독재, 잔혹한 폭압
세습으로 이어진 70년의 긴긴 세월

끝내, 백성은
'고난의 행군'에 내몰리고

약속한 '이밥에 고깃국'은
기억 속에 아득한데

허기져 신음하는
죽음의 행군은
어제에서 오늘로
오늘에서 내일로
끝없이 이어지고

비틀대는 발걸음
줄줄이 쓰러지니

하늘 아래
지천으로 널린 주검
남루한 주검과 주검들

—

마을 뒷산
응달진 옹달샘 가에

동네 어귀
아름드리 느티나무 곁에

호젓한 산기슭
오솔길 턱에

강파른 산비탈
바위 뒤에

으슥한 골짜기
풀덤불에

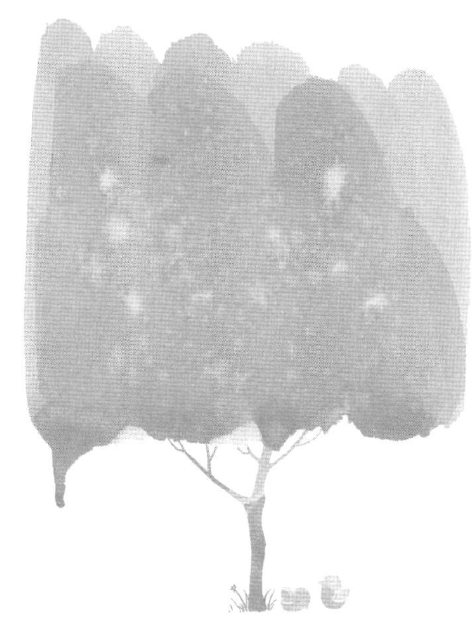

잔잔한 강가
자갈밭에

그들은 쓰러졌다
기진하여 맥없이
쓰러지고 말았다

그렇게 어이없이 다한
하나 뿐인 목숨과 목숨들

[4]

지난날, 서녘 저 멀리
나치의 아우슈비츠가 있었고
지금, 북녘 땅 도처에
김가 왕조의 수용소가 널렸으니

14호 관리소 완전통제구역
그가 태어나 자란 곳

할아버지는 '반동'이었고
그는 그것 밖에는 알지 못했다

그는 꼭두새벽부터 밤까지
버거운 노동을 하고
때리면 맞고
가두면, 말없이
감방의 어둠을 지켜보았다

어머니와 형 사이
어느 날 밤의 은밀한 이야기를

마땅히, 그는 보고 하였고
당연히, 그들은 처형되었다

앞줄에 서서 지켜본 그
눈물은 나지 않았다
울 줄을 몰랐으니 ─ !

그는 허울뿐인 인간이었다
그것을 그는 알지 못했다

그는 지옥에 살고 있었다
그것 또한 모르고 있었다

가시 돋친 철조망
에워싼 험악한 산들
그 너머에 있을 딴 세상 ─
그것은 의미 없는 빈 소리였을 뿐

탈출 ─ ! 그것은
감히 꿈꿀 수도 없는 일
그리고 그는

꿈을 가져본 적이 없었다
오직, 배고픔에 허덕이는
짐승이었다

*

그러나
저 너머 세상에서
갓 들어온 사나이가 있었으니
그가 늘어놓은 '닭튀김' 이야기 –
  자글자글 끓는 기름에
  살짝 담가서 튀긴, 노릇한 닭다리
  한 입 물라치면, 아삭 소리
  입 안 가득, 고소한 내음
  부드러운 살은, 그냥
  녹아 버리고 –

세상에 그런 음식이 있다니!

기적 같은 그 맛을
그는 기필코 경험하고 싶었다

태어나서 처음 느낀 간절한 욕망 –
그것은 삶의 목적이 되어
나아갈 방향을 가리켰다

넘어야한다
　저 철조망을
　그리고 험준한 저 산등성을

탈출해야한다
　그 놀라운 세상으로!

그러나 그것은 꿈
불가능한 꿈이었다

허나, 비바람 들이치는 어두운 밤
그 불가능에 그는
죽기를 각오하고 도전하였다
그리고 그는, 하늘이 도우사, 성공하였다

그리하여 그가 들어선 곳은
놀랍도록 낯선 고장

사람들이

누구나, 자유로이, 스스로의 –

행복을, 찾는 세상

생명이 발랄하게 약동하는

인간의 세계

그곳은 진정

새로운 천지였다.

[5]

땅 –
하늘 아래
질펀히 활개를 펼친
광활한 땅이여!

산천의 초목과 길짐승 날짐승
살아 있는 생명은 모두
보듬어 키우는
어머니 – 땅
생명의 땅이여!

북녘의
벌거벗은 민둥산과
풀뿌리 파헤친 메마른 들판
피폐한 모습에 한숨짓는 땅이여!

도시와 촌락 온갖 곳에
황금빛 번득이는 동상, 동상들

치켜든 한 손 앞을 가리키고
부릅뜬 눈으로 소리 없이 호령하며
서 있는 '어버이 수령'-
천, 만, 수십만의 동상들

그 우상의 발밑에
'고난의 행군'이 벌어지고

무거운 걸음 비틀대는 백성
줄줄이 쓰러지니
주검과 주검들, 어느덧
천, 만, 백만을 헤아려도

죽음의 행렬은
오늘도 이어지고

땅이여,
몸서리치는 생명의 땅이여!
그 격분의 몸부림으로
저 죽음의 우상들을 뒤흔들어
와르르 쓰러뜨려 주오

땅이여,
전율하는 땅이여!
심장에 끓어오르는
분노의 불덩이를 내던져
거대한 구렁텅이를 만들어 주오
그리고는 그 만 길 나락 속에
무너진 우상들을 쓸어 넣어 주오 –
말끔히, 그리고 영원히!

–

하늘이여,
하늘 아래 광란에
진노한 하늘이여!

검은 먹구름 한데 모아
모진 폭풍 일으켜
거세게 몰아쳐 주오!

날카로운 번개 번쩍이며
벼락 불덩이를 내리쳐 주오!

그리하여, 하늘이여,
송두리째 활활 불태워 주오 -
거짓과 기만의 굿판
감시와 폭압과 학살의 난장판
인간을 유린하는 극악한 생지옥을!

그리고 그 잿더미는
허공에 산산이 흩날려 주오!

하늘이여, 그리고는 부디
비를, 기다리고 기다린 단비를
북녘 땅 목마른 산과 들에
고즈넉이 내려 주오!
긴긴 겨울을 견디어 낸 옹골찬 씨앗
새싹 새록새록 움트고
싱싱한 잎새 파릇파릇 피어나리다!

[6]

(어디선가 들려오는 또렷한 목소리
 점점 다가와 울려 퍼진다)

세세연년 기나긴 세월
어둠의 골짜기를 헤매어 온
북녘의 겨레여!

때가 왔다

악몽에서 깨어나
두 눈 크게 뜨고

일어설 때가 왔다

꿇린 무릎 바로 세워,
굽힌 허리 곧게 펴,
두 발 굳건히 대지를 딛고,

분연히 일떠설 때가 왔다

입에 물린 재갈은 벗어 던지고
발 묶은 족쇄는 부숴 버리자

수그린 고개 곧추 치켜들고
움츠린 어깨는 활짝 펴자
그리하여
겨레여,
질곡의 캄캄한 세월 속에
숨죽여 온
북녘의 겨레여!

목 놓아 외치자

– 우리는 노예가 아니다
  '영주(領主)'를 하늘 같이 섬기며
  정작 '자기(自己)'는
  깡그리 잃어버린 – 노예
  그런 노예이기를, 우리는 이제
  단연코 거부한다

– 그 누구도 우리의 주인(主人)일 수 없다
우리의 주인은 우리 자신이다
그렇다, 이제 우리는 단연코 거부한다
그 누구나의 꼭두각시이기를!

– 우리는 인간이다

인간은, 본디
보고, 듣고, 느끼고, 생각하며
괴로움과 즐거움, 슬픔과 기쁨
고개고개 고비고비 넘고 넘어
저마다, 자신의 삶의 '의미'를
추구하는 존재(存在)인 것을 –

겨레여,
치켜들자 – 깃발을!
드높이 들어 올리자
선명한 항거의 깃발을!

그리하여 모두 함께
손에 손 맞잡고

보무당당히 나아가자

인간이

인간답게 살 수 있는

자유의 세계로!

– 2015년 4월 여의도에서

Ref. '신 동 혁'

* 그의 신문 interview에서 –
* 〈14호 수용소〉에서 탈출 – 탈북
* 母 · 兄의 은밀한 얘기 – 고발
  그들의 공개처형 목격
* '닭튀김' 이야기를 듣고 –

– 2014 · 10 · 28

풍경 1 – 강가에서

서녘 하늘에
또 하루가 기울 제

강 건너 늘어선
도시의 건물들
그 너머 아스라이 솟은 멧부리
가로질러 구름 띠 멈추어 선
고요 속을 – 번지어 나가는 붉은 노을.

차들 앞다투어 오가는 다리
밑으로
강물 흐르고 – .

둔치 한쪽 자락
물길 따라
산책길 하나

그저 걷기 위한
길 아닌 길

하나의 목적을 넘어
또 다른 목적이 있음이니.

그래서인가
사람들이 모여드는 것은.

젊은이들 쌍쌍이
손을 잡고
가벼운 발걸음.

물가로 내려가는 계단에는
손과 손 서로의 등을 안고 앉은
사나이와 여인들의 뒷모습.

고사리 손 허공을 휘저으며
한 발짝 떼어 놓고 뒤뚱
또 한 발짝 버겁게 내딛고
엄마는 옆에서

손뼉치며 환호하고 — .

그 뒤
유모차 하나
밀고 오는 할머니
안에는 손자 녀석 고이 잠들고

흰머리
주름진 얼굴에
잔잔한 미소
스스로가 대견스러워.

생명은 생명으로 이어지니 — .

길가의 낡은 벤치
오늘도 거기에 있다
두 손 벌리고
기다리고 있었다는 듯.

늙은 몸 기대어 앉으면
새삼스레 떠오르는 모습 —

더듬어 보는 손길에
잡히는 것 없는 옆 자리
영영 가버린
빈 – 자리.

앞을 지나가며, 사람들
수군거리는 소리
– 글쎄, 건져 올렸다는군
　아침에 떠오른 것을 . . .
– 저런 – 또 – !

그는 강을 바라보았다.
강물은 일렁이며 흐르고
말이 없다.

그는 생각을 자신에게 불러온다.

한평생을 거의
한 길을 걸어온 '어떻게'의 세계.
그러나 그 세계를 뛰어넘어
또 하나의 다른 세계가 있으니 –
그것은 '왜'의 세계.
– 원초적인
  그리고/그래서
– 궁극적인
    왜?

그것은 결국 '의미'의 추구였다.
그리고 전체에 대한 부분의 관계 속에
그 의미는 존재하였다.

이 세계에 들어섰을 때 그는

천 길 낭떠러지 끝에 서 있었다.

그때의 어지러움은 지금도 가시지 않고,
그는 강가 벤치에서 고개를 치켜들고 바라본다 –

해는 서산을 넘어
어스름 하늘
구름들 점점이 노을에 타오르고
해는 내일 또 다시 떠오르리니 – .

어디서도 마땅한 답을 찾지 못하여
그는 새삼 소리 죽여 외쳐본다 –

왜?

– 2012년 10월 여의도에서

풍경 2 – 모래톱에서

모진 바람 휩쓸고
장대 빗발 퍼붓고
세찬 눈보라 휘몰아치고
태양은 불타는 햇살 내리꽂고

맴돌며 흘러간 세월
천년, 만년, 천만년 –

나뭇가지를 타고
눈 녹아 떨어지는 소리
　뚝 – 뚝 – 뚝 –
물방울, 바위에
구멍 뚫는 소리

끝내
바윗덩어리

갈라지고 부서지고 바스라져 –

산비탈 굴러 굴러

골짜기 개울 따라

반짝이는 여울목 넘어

흘러 흘러 강 따라

드디어 바다로 – !

이제는 작디작은 알갱이

촘촘히 쌓여 질펀한 들판

바다 내음 싱그러운

– 모래톱.

하얀 포말 줄지어 앞세우고

밀려오는 파도, 그리고 또 파도가 –

 쏴아 – 철썩

 쏴아 – 철썩

밀물 밀려오고

썰물 물러가고

날숨 들숨

이어지는 바다의 숨결.

만년, 그리고 또 만년을
씻기고 닦이어
알알이 빛나는 은빛 모래톱

여기는
아득한 세월의 한 자락 끝
앞에는 -
드넓은 바다
가로 뻗은 수평선
가없는 하늘
그 푸르름 너머에는 - .

바라보고 - 귀 기울이고 - 느끼고 -
숨쉬며
생각하며
서 있는
나
모래 한 톨.

- 2012년 10월 여의도에서

풍경 3 – 공원에서

공원 연못 가
벤치에 걸터앉으면
이윽고 저만치에서 다가오는
참새 한 마리

이쪽엔 짐짓 아랑곳없이
먼 산 바라보듯 서서
지긋이 기다린다

챙겨 온 빵을 뜯어 던지면
녀석은 쪼르르 다가가
고개를 쳐들고 안전을 살피고는
빵 조각 하나 부리에 물고
산울타리 뒤로 사라진다

그 사이 무리를 이룬 참새들
먹이에 달려드는 북새통도 잠시
각기 한 조각을 물고는 재빨리 날아간다

이윽고 다시 돌아온 참새들
서로에게서 거리를 두고
오뚝 서서 미동도 없이 기다린다 –
언제 어디로 내려올지 알 수 없는
'만나*'를 기다리는 엄숙한 자세!

(내 입가에 미소가 – . 베풂의 즐거움)

햇살이 따스했던 어느 날
벤치 앞을 서성이는
비둘기 두 마리

먹이를 던져주노라면
세 마리가 더 달려오고, 또
연못 저편에서 한 떼가 날아온다

* '만나' – 모세를 따라 이집트를 탈출한 이스라엘 백성이 굶주린 채 아라비아의 황야를 방랑할 때 하늘이 내린 신비로운 양식

빵 조각 한 움큼을 뿌려주면
날개 파닥이며 몰려든다 -
부딪치고, 떠밀고, 박지르고
먹이 한 입 얻으려는
수라장

참새 세 마리
산딸나무 결 먼발치에서
바라보고 있다 -
감히 다가갈 엄두도 못 내고

그쪽으로 빵 몇 조각을 던져준다
그러나 달려오는 비둘기들 서슬에
놀란 참새들, 미련 없이 자리를 뜬다

이번에는
물가 버드나무 쪽으로 던져본다
비둘기 네댓 마리
날개를 펴고 허겁지겁 몰려간다
이리 떨어지고, 저리로 날아가는
먹이의 향방을 쫓아, 녀석들은
우로 좌로 끌려 다닌다

(베푸는 자의 변덕)

그것은 가히 이변이었다
흰 오리 한 마리
그날 그곳에 나타난 것은 –

꽥꽥 어기적어기적
사방으로 쏘다니며 흩어진 먹이
샅샅이 뒤져 먹는 넓죽 부리

비둘기에 겁먹은 참새들은

멀찌감치 떨어져 머뭇거리다가

이미 소리도 없이 자취를 감추고 –

(덩치는 힘이다)

나는 손에 들고 있었다 – 나도 모르게

작지 않은 돌멩이 하나. 그것을 나는

오리를 향해 힘껏 던졌다

(왜 그랬을까?)

비명과 함께 허둥대며 달아난 뒤

녀석은 다시는 나타나지 않았다

하늘을 나는 새도

육신은 언제나 허기진 것을 – .

– 2012년 11월 여의도에서

풍경 4 – 연못가에서

나에게도 있었지

긴긴 겨울밤 지새운
슬픔이
거센 파도 밀려드는 갯벌에
홀로 남은 외로움이
태산이 와르르 무너진
절망이

마침내는 –

땅 위에 서서
하늘을 이고 있는
어이없음이

그럴 때면 찾아가곤 했던

고개 너머 숲속의 연못

내 마음
살포시 보듬어 잠재워준
어머니 품

지금도 눈 감으면, 선한
그 연못 - . 에두른
버드나무 소나무 느티나무
물가에는 갈대와 부들이
그 사이 벋어 오른
나팔꽃 덩굴 하나

다시금 귓전에 들려온다 -
잎새 자잘한 버드나무 실가지의
지난밤 이슬, 방울지어 떨어지는 소리
퐁 - 당 -
퐁-당-

수면에
조그만 동그라미

일렁일렁 퍼져나가고
뒤이어 조그만 동그라미가 또 –

파문은
일고 – 사라지고
그 뒤에 또 파문이 –

무슨 그윽한 의미를
상징함인 듯 –

허나, 아서라!
파문은, 그냥
파문으로
일고 사라지게, 두어라!

그리하여, 소나무도
<변치 않는 지조>는
떨쳐버리고, 마냥
온전한 소나무이게, 하여라.

상징과, 의미와, 가치와 –

덧씌운 허울

인간적인, 너무나 인간적인.

나는 두 손을

올려 뻗친다

위로 위로 솟구친

줄기 줄기

느티나무
그리고
나

마주 서서
서로가 된다

그리하여, 연못은
의미를 넘어서고

사라진 시간 –

그 자리에

누리는 비로소
의미 이전의 모습으로
되돌아간다.

– 여의도에서, 2013년 8월